D1418967

Bywyd Gwyllt mewn Perygl!

Cyhoeddwyd gan © Atebol Cyfyngedig 2010

Cyhoeddwyd yn 2010 gan Atebol Cyfyngedig, Adeiladau'r Fagwyr,
Llanfihangel Genau'r Glyn, Aberystwyth, Ceredigion SY24 5AQ
01970 832 172
www.atebol.com

ISBN: 978-1-907004-51-3

Addaswyd gan Glyn Saunders Jones
Golygwyd gan Eirian Jones a Glyn Saunders Jones
Dyluniwyd gan Stiwdio Ceri Jones, stiwdio@ceri-talybont.com
Ymchwil lluniau gan Gill Saunders Jones
Noddwyd gan Lywodraeth Cynulliad Cymru
Argraffwyd gan Wasg Gomer, Llandysul, Ceredigion

Cydnabyddiaethau
Hoffai'r awdur a'r cyhoeddwr ddiolch i'r canlynol am eu caniatâd i atgynhyrchu'r lluniau a'r deunydd hawlfraint yn y llyfr hwn.

Getty Images: tud. 6; tud. 7 (top); tud. 29 (top)

Cynnwys

Bywyd gwyllt mewn perygl!

Mae'r Ddaear mor gyfoethog! Mae hi mor gyfoethog o ran ei bywyd gwyllt a'i **bioamrywiaeth**. Bywyd gwyllt sydd i'w weld ar y tir, yn yr awyr ac yn y môr. Yn anffodus, mae rhai miloedd o'r planhigion a'r anifeiliaid yma mewn perygl o ddiflannu. Ac mae hynny oherwydd chi a fi ...

Cyfoeth bywyd gwyllt

Mae sawl **rhywogaeth** neu bethau byw cwbl arbennig i'w cael. Mae'r amrywiaeth yma'n cynnwys y llygoden leiaf hyd at yr eliffant mwyaf.

Yn ôl gwyddonwyr mae o leiaf 35,000 o blanhigion i'w gweld ar y blaned. Mae dros filiwn o anifeiliaid i'w cael! Ond, mae cannoedd o blanhigion ac anifeiliaid newydd yn cael eu darganfod bob blwyddyn. Mae'r rhan fwyaf o'r rhain yn anifeiliaid bach fel trychfilod. Ond, mae anifeiliaid ac adar newydd yn dal i gael eu darganfod mewn coedwigoedd anghysbell. Yn 1992 darganfuwyd y saola (antelop) yng nghoedwigoedd Viet-nam yn ogystal â llygoden fawr bosavi yn Indonesia. Yn anffodus, mae miloedd o wahanol blanhigion ac anifeiliaid mewn perygl o ddiflannu oddi ar wyneb y ddaear bob blwyddyn ... ac mae hyn yn cynnwys y rhai sydd heb eu darganfod eto! Mae **colli cynefin** yn broblem fawr.

Aye-aye o Madagascar – un o'r anifeiliaid sydd mewn perygl

Cath wyllt o'r Alban – sydd dan fygythiad.
Anifeiliaid eraill dan fygythiad: Spix's macaw a dolffin yr Yangtse

Y Dodo

Pan nad oes modd i blanhigyn beillio neu anifail i fagu, maen nhw'n diflannu oddi ar wyneb y ddaear. Mae hyn yn digwydd yn naturiol. Ond erbyn hyn mae pobl wedi cyflymu'r broses drwy hela, dinistrio bywyd gwyllt a llygru byd natur. Yn yr 1600au cafodd y dodo ym Mauritius ei hela gymaint fel nad oedd dim un ar ôl. Os nad ydyn ni'n ofalus mae'r un peth yn gallu digwydd heddiw.

Y Dodo

Llygoden y dŵr – sydd dan fygythiad

Y diwedd!

Mae gwyddonwyr yn dweud bod un planhigyn neu anifail yn diflannu am byth bob hanner awr. Dyna chi 18,000 y flwyddyn! Ond bellach mae mwy o sylw i warchod ac amddiffyn bywyd gwyllt. Ond, beth allwn ni ei wneud i helpu?

Newid ac esblygiad

Dyfrgi'r môr ar Ynys Mull, Yr Alban.
Mae'r dyfrgwn yma wedi addasu i'w hamgylchedd.

Newid
Mae bywyd ar y Ddaear ers 3.8 biliwn o flynyddoedd. Ers hynny, mae gwyddonwyr yn credu bod 500 miliwn o wahanol blanhigion ac anifeiliaid wedi bod ar y Ddaear. Mae llawer o'r rhain wedi diflannu ond mae mathau newydd wedi eu creu trwy broses **esblygiad**.

Addasu a byw!
Mae pob planhigyn ac anifail wedi **addasu** i'r byd o'i gwmpas. Mae'r cactws yn gallu gwrthsefyll sychder yn y diffeithdir ... ond byddai'n marw ar lan y môr! Byddai gwymon sy'n byw mewn dŵr halen yn marw mewn diffeithdir. Mewn hinsawdd oer, mae'r anifeiliaid sy'n byw yno â ffwr trwchus, braster neu blu i'w cadw'n gynnes. Mae anifeiliaid eraill wedi addasu i fyw mewn hinsawdd boeth.

Crwban ar Ynysoedd Galapagos. Mae bywyd gwyllt arbennig i'w weld ar yr ynysoedd

Bywyd gwyllt y diffeithdir – mae'r cactws ac ysgyfarnog y paith wedi addasu i fyw gydag ychydig iawn o leithder

Dethol naturiol

Wrth i'r amodau newid mae planhigyn neu anifail yn addasu. Y planhigyn neu'r anifail sy'n addasu orau ydy'r un sy'n ffrwythloni neu'n magu. Hwnnw sy'n ennill y dydd. Mae'r rhai sy'n methu addasu yn dod i ben. Y cryfaf yn unig sy'n goroesi! Dethol naturiol oedd yr enw a roddwyd ar y broses yma gan Charles Darwin.

Newid sydyn

Proses araf ydy esblygiad. Mae'n digwydd dros sawl cenhedlaeth. Bellach, mae pobl ar draws y byd yn gyfrifol am newid sawl cynefin – a hynny mewn amser byr. Os ydy planhigyn neu anifail am oroesi yna mae'n rhaid iddyn nhw addasu neu ddiflannu. Dyna pam y mae bywyd gwyllt mewn perygl.

Yak – wedi addasu i fyw mewn hinsawdd oer

Camel – wedi addasu i fyw mewn hinsawdd sych

Byw gyda'n gilydd

Mae'r gwenyn yn helpu planhigion i ffrwythloni drwy symud paill o un planhigyn i'r llall. Yn ddiweddar mae nifer y gwenyn wedi lleihau

Mae planhigion, anifeiliaid a phethau byw yn byw mewn cynefin sy'n cael ei alw yn gymuned. Mewn **cymuned** mae pethau byw yn dibynnu ar ei gilydd. Mae anifeiliaid yn dibynnu ar blanhigion ar gyfer bwyd i fwyta ac ocsigen i anadlu. Mae llawer o blanhigion yn dibynnu ar anifeiliaid i gario paill neu wasgaru hadau.

Dolen mewn cadwyn

Mae'r cysylltiad rhwng pethau byw a'i gilydd i'w gweld mewn cadwynau bwydydd. Ar y Ddaear mae bron pob cadwyn fwyd yn dechrau gyda phlanhigion. Mae planhigion yn defnyddio egni'r Haul i wneud bwyd drwy broses **ffotosynthesis**. Mae anifail sy'n bwyta planhigion, sef **llysysydd**, yn amsugno **maetholion** o'r planhigion. Yna, mae'n symud ymlaen i anifail sy'n bwyta cig, sef **cigysydd**, wrth i'r anifail hwnnw (er enghraifft, llew, arth neu berson) fwyta'r llysysydd. Dyma'r gadwyn fwyd. Mae angen llawer o anifeiliaid bach fel llygod sy'n bwyta planhigion i fwydo cigysydd fel y barcut neu'r dylluan.

Mae angen digon o fwyd i gynnal cigysydd fel y dolffin. Mae'r dolffin yn bwyta tua 15 kg o bysgod y dydd

Mynd ar y we!

Mae'r rhan fwyaf o'r cigysyddion yn bwyta deiet amrywiol. Maen nhw'n rhan o sawl cadwyn fwyd. Mae'r cadwynau bwydydd yma'n cysylltu â'i gilydd i ffurfio gwe fwyd ac mae'r we yma'n cynnwys pob planhigyn ac anifail sy'n byw o fewn cynefin. Er enghraifft, mae chwilod, ffwng a bacteria yn rhan o'r we yma. Y rhain sy'n 'torri i lawr' gweddillion marw planhigion ac anifeiliaid. Mae'r gweddillion yma'n mynd yn ôl i'r ddaear gan ffrwythloni'r tir unwaith eto. Dyma sut mae cylch bywyd yn mynd yn ei flaen.

Torri'r gadwyn

Mae'r cylchoedd yma'n cydbwyso â'i gilydd. Ond, mae pobl yn gallu newid y cydbwysedd hwn drwy hela anifail neu gasglu planhigyn. Mae hyn yn effeithio ar un ddolen o'r gadwyn ac mae'n gallu torri'r gadwyn fwyd gyfan.

Mae'r chwilen yma'n ailgylchu maetholion o blanhigion ac anifeiliaid marw

Hela

Bonobo yn ymlacio ar gangen yn Affrica.
Maen nhw'n cael eu hela ar gyfer eu cig ac
maen nhw dan fygythiad

Mae rhai anifeiliaid yn brin oherwydd hela. Maen nhw'n cael eu hela ar gyfer bwyd, eu crwyn neu rannau eraill o'u cyrff. Mae pili palas deniadol yn cael eu dal er mwyn eu dangos i bobl eraill.

Y farchnad gig

Ers canrifoedd mae pobl wedi bod yn hela. Erstalwm roedd pobl yn hela gyda bwa a saeth. Pryd hynny, ychydig iawn o anifeiliaid oedd yn cael eu hela. Pan ddaeth y gwn roedd mwy ohonyn nhw'n cael eu hela a'u lladd. Mewn gwledydd cyfoethog mae ffermwyr yn magu anifeiliaid. Mae hela yn dal i ddigwydd mewn gwledydd sy'n datblygu. Wrth i'r boblogaeth gynyddu roedd mwy o bwysau i hela anifeiliaid. Yn Affrica, mae anifeiliaid y goedwig fel yr antelop a'r mwnci yn cael eu hela i fwydo'r bobl leol a thwristiaid.

Roedd y rhinoseros yn gyffredin yn Affrica ac Asia
... ond bellach maen nhw mewn perygl!

Pili pala glas sydd mewn perygl oherwydd casglwyr

Crwyn, cregyn a darnau o'r corff

Bydd rhai anifeiliaid yn cael eu lladd oherwydd eu crwyn gwerthfawr neu ddarnau eraill o'u cyrff. Mae'r cheetah a'r llewpard yn cael eu lladd oherwydd eu crwyn lliwgar, sy'n cael eu gwerthu fel dillad drud. Mae croen y crocodeil a'r neidr yn cael ei ddefnyddio i wneud beltiau, esgidiau neu fagiau. Mae crwbanod môr yn cael eu lladd oherwydd eu cregyn. Yn China, mae esgyrn y teigr yn cael eu malu i wneud ffisig. Mae'r rhinoseros a'r eliffant hefyd yn cael eu hela ar gyfer eu cyrn.

Torri'r gyfraith

Beth sy'n bosib ei wneud i rwystro'r lladd? Bellach, mae sawl gwlad yn gwarchod eu bywyd gwyllt trwy ddeddf. Mae lladd y rhinoseros, yr eliffant a'r teigr bellach yn erbyn y gyfraith. Ond, oherwydd y galw a'r prisiau uchel mae rhai yn fodlon torri'r gyfraith ... dyma fyd y **potsiwr** neu'r **herwheliwr**.

Mae'r Inuit yn hela ers canrifoedd – ond maen nhw'n hela'r hyn sydd ei angen arnyn nhw. Y broblem fwyaf ydy pysgota masnachol

Ffrind neu elyn?

Yn aml iawn mae anifail cryf a phwerus fel teigr, siarc neu neidr wenwynig yn cael ei hela gan fod pobl eu hofn. Mae ffermwyr hefyd yn targedu rhai anifeiliaid am eu bod yn difetha eu stoc neu eu cnydau. Ond a ydy'r anifeiliaid yma'n broblem?

Gelyn go iawn?

Mae rhai anifeiliaid fel y llwynog a'r jacal yn lladd defaid a ieir. Maen nhw'n cael eu cyfrif yn 'broblem'. Mae rhai eraill fel y siarc, y teigr a'r arth frown yn cael eu cyfrif yn beryglus. Ond, yn aml mae anifeiliaid sy'n cael eu cyfrif yn beryglus yn rhai sydd ddim fel arfer yn beryglus i bobl na stoc. Ond maen nhw angen digon o le i fwydo. Fel y mae poblogaeth y byd yn cynyddu mae llai a llai o le ar gyfer yr anifeiliaid hyn. Pob blwyddyn mae siarcod yn lladd rhwng 10 a 20 o bobl. Fodd bynnag mae pobl yn lladd miloedd o siarcod – felly pa un sydd fwyaf peryglus?

Cadw cydbwysedd

Byddai cael gwared ar anifeiliaid sy'n hela yn effeithio'r gadwyn fwyd gyfan. Mae anifeiliaid fel y llew a'r blaidd yn helpu byd natur i reoli nifer y llysysyddion. Weithiau, mae cael gwared â'r anifeiliaid sy'n hela yn golygu bod mwy o anifeiliaid sy'n pori ... ond yn y man ni fydd digon o fwyd ar ôl i'r anifeiliaid hyn.

Mae'r siarc mako yn cael ei hela i wneud cawl

Mae teigrod yn cael eu hela gan fod pobl eu hofn. Mae rhai mathau bellach wedi'u colli am byth

Rheoli afiechydon

Mae trychfilod bach sy'n bwyta planhigion yn boen i'r rhai sy'n tyfu cnydau. Ers canol yr 1960au mae ffermwyr wedi defnyddio **pryfleiddiaid** cryf i gael gwared ohonyn nhw. Mae'r plaleiddiaid yma'n gallu niweidio bywyd gwyllt. Yn ystod yr 1950au roedd DDT yn cael ei ddefnyddio ar gnydau. Roedd y llygod bach oedd yn bwyta'r ŷd yn cael eu hela gan adar ysglyfaethus a hynny yn ei dro yn effeithio ar yr adar. Roedd y DDT yn gwneud plisgyn yr wyau yn deneuach. Bellach, dydy DDT ddim yn cael ei ddefnyddio yn Ewrop a Gogledd America, ond mae'n cael ei ddefnyddio o hyd mewn rhai rhannau o'r byd.

Mae'r jacal yn cael ei ddal gyda thrap a gwenwyn

Mae plaleiddiaid yn effeithio adar ac anifeiliaid gwyllt

13

Ar y bachyn!

Mae'r penfras (cod), hadog a'r gath fôr (skate) bellach yn brin

Fel hela, mae pysgota wedi bod yn cymryd lle ers cannoedd o flynyddoedd. Mae dulliau newydd o bysgota wedi golygu bod rhai moroedd wedi eu gorbysgota.

Busnes mawr

Mae pysgota yn fusnes mawr, gyda rhai llongau pysgota fel ffatrïoedd. Maen nhw'n defnyddio sonar, a hyd yn oed lloeren, i weld ble mae'r pysgod. Mae ganddyn nhw rwydi mawr sy'n dal miloedd o bysgod gyda'i gilydd. Bydd y pysgod yn cael eu rhewi ar y llong ... sy'n golygu eu bod nhw'n gallu dal i bysgota am fwy o bysgod! Does dim rhyfedd fod y stoc o bysgod yn lleihau. Mae rhai mathau o bysgod fel y penfras (*cod*) a'r tiwna bellach yn brin.

Mae'r penfras erbyn hyn yn brin

Effeithio eraill
Wrth i rai pysgod brinhau mae'r gadwyn fwyd yn cael ei effeithio. Mae gorbysgota'r llysywen dywod wedi effeithio ar aderyn y pâl sy'n bwydo'r llysywen i'w rai bach. Gan fod llai o bysgod yn y môr, mae hyn wedi effeithio ar famaliaid fel y morlo a'r orca.

Eog gyda hufen a chafiâr

Pysgota cynaliadwy
Ers yr 1990au mae dros 70 miliwn tunnell fetrig o bysgod a chregyn yn cael eu pysgota bob blwyddyn. Dydy hi ddim yn bosib cynnal hyn. Dydy hyn ddim yn **gynaliadwy**. Er mwyn rheoli pysgota mae rhai gwledydd fel Prydain wedi creu system **cwota**. Mae'r cwota yn rheoli faint o bysgod sy'n cael eu pysgota. Maen nhw hefyd wedi newid maint y rhwydi fel bod y pysgod llai yn gallu dianc i fagu.

15

Chwarae'n troi'n chwerw

Rydym ni'n dal i hela o ran pleser. Ydy hyn yn greulon neu'n hwyl?

Mae'r rodeo yn fusnes mawr yng Ngogledd America. Mae rhai yn dadlau bod ceffylau yn cael eu cam-drin

Mae ymladd teirw yn bwysig yn Sbaen a rhai o wledydd De America. Mae rhai yn dadlau ei fod yn greulon

Taro'r targed?

Mae hela er mwyn pleser wedi bod yn boblogaidd ers canrifoedd. Yn Affrica daeth oes y bwch glas Affricanaidd (*African blue buck*) i ben oherwydd hela. Yn America mae'r golomen deithio (*passenger pigeon*) wedi diflannu er ei bod wedi bod yn gyffredin iawn ar un adeg. Daeth oes yr aderyn i ben yn 1914. Yng Ngogledd America, mae miloedd o geirw ac adar gwyllt yn cael eu saethu. Mae dros 500 miliwn o adar yn cael eu lladd wrth iddyn nhw hedfan rhwng Affrica a de Ewrop bob blwyddyn.

Ydy hi'n deg gorfodi anifeiliaid gwyllt i berfformio?

Codi sgwarnog

Mae rhai mathau o hela yn cynnwys dilyn anifeiliaid fel y carw, y llwynog neu'r ysgyfarnog gan ddefnyddio cŵn. Mae'r rhai sydd o blaid hela yn dweud bod yr anifeiliaid yma yn difa eu stoc a bod angen eu rheoli. Maen nhw hefyd yn dweud eu bod nhw'n gwarchod cefn gwlad. Ond mae'r rhai sy'n erbyn hela gyda chŵn yn dweud ei fod yn greulon. Cafodd hela ei wahardd yng Nghymru a Lloegr yn 2004 – ond mae rhai am weld hela yn gyfreithlon unwaith eto.

Codi sgwarnog arall

Mae nifer o bobl yn erbyn hela ond beth am fyd y syrcas a'r sw? Mae gweld anifeiliaid yn perfformio yn llai poblogaidd erbyn hyn. Efallai fod rhai pobl yn credu nad oedd yr anifeiliaid yn cael eu trin yn dda bob amser. Erstalwm doedd dim llawer o le i'r anifeiliaid yn y sw. Erbyn hyn mae llawer mwy o le i'r anifeiliaid ac mae sawl sw yn gwarchod ac yn magu anifeiliaid prin. Hefyd, mae'r sw yn rhoi cyfle i ni weld bywyd gwyllt yn agos ac mae hynny'n gallu bod yn brofiad arbennig!

Ydy hela'r llwynog yn ffordd dda o reoli bywyd gwyllt yng nghefn gwlad?

Bywyd gwyllt ar werth

Mae planhigion fel y tegeirian (orchid) dan fygythiad gan eu bod yn cael eu casglu yn y gwyllt

Mae rhai mathau o fywyd gwyllt yn fwy gwerthfawr yn fyw nag ydyn nhw'n farw. Mae'r parot, y mwnci a sawl anifail arall yn brin gan fod pobl am eu cadw fel anifeiliaid anwes! Mae'r anifeiliaid yma mewn perygl gan fod pobl am eu gwneud yn anifeiliaid dof.

Helo Poli – rwyt ti'n glyfar!

Oherwydd y fasnach mewn anifeiliaid anwes, mae nifer ohonyn nhw mewn perygl. Mae'r bobl sy'n gwerthu'r anifeiliaid yn dewis y rhai bach gan eu bod yn haws i'w trin ... ac yn gadael y rhieni ar ôl neu'n penderfynu eu lladd. Mae adar mewn cewyll yn boblogaidd iawn. Mae tua 90 o wahanol fathau o barot mewn perygl. Mae crwbanod môr a hyd yn oed nadroedd gwenwynig a chorynod yn cael eu dal a'u gwerthu. Yn aml iawn maen nhw'n cael eu cario yn bell ... mae sawl un yn marw cyn cyrraedd pen y daith. Mae'r fasnach mewn anifeiliaid a phlanhigion yn fasnach sy'n werth miliynau o bunnoedd. Erbyn hyn mae'n bosibl defnyddio'r we i brynu'r anifeiliaid hyn ac felly mae'r fasnach wedi cynyddu eto.

Mae hyd yn oed y python yn cael ei hela!

Anifeiliaid gwyllt mewn cewyll yn barod i'w gwerthu

Amddiffyn y gwyllt

Beth sy'n cael ei wneud i amddiffyn bywyd gwyllt? Mae dros 70 o wledydd wedi arwyddo cytundeb (CITES) sy'n rhwystro prynu a gwerthu bywyd gwyllt sydd mewn perygl. Er hynny mae rhai yn dal i hela. Mae'r pris mae'r potsiwr yn ei gael yn cynyddu wrth iddyn nhw hawlio mwy o arian am yr anifeiliaid mwyaf prin. Mae rhai anifeiliaid prin yn cael eu cuddio mewn bagiau er mwyn iddyn nhw eu smyglo allan o'r wlad. Os ydych chi am brynu anifail anwes yna gwnewch yn siŵr nad ydy'r anifail anwes yn dod o'r gwyllt.

Fioled Affrica sydd hefyd dan fygythiad

Mae swyddogion y tollau yn gweld pob math o anifeiliaid prin yn cael eu smyglo i'r wlad!

Newid cynefin

Yr enw ar gyfer planhigion ac anifeiliaid sy'n byw mewn ardal arbennig ydy **cynefin brodorol**. Ar draws y byd, mae planhigion ac anifeiliad newydd sydd wedi'u cyflwyno gan bobl yn effeithio ar yr anifeiliaid a'r planhigion brodorol. Mae'r rhain yn effeithio'r **amgylchedd** cyfan wrth iddyn nhw effeithio'r gadwyn fwyd.

Dros ben llestri!

Mae bywyd gwyllt sydd ddim yn frodorol yn gallu effeithio cynefin. Yn ystod yr 1850au rhyddhawyd cwningod i'r gwyllt gan ymfudwyr i Awstralia. Roedd yr ymfudwyr yn hoffi cig cwningen. Roedd y cwningod wrth eu bodd yn bwyta'r glaswellt braf – ond yn anffodus doedd dim glaswellt ar ôl ar gyfer yr anifeiliaid eraill! Yn ystod yr 1930au penderfynodd ffermwyr Awstralia gyflwyno brogaod mawr o Dde America i reoli chwilod oedd yn bwyta cansen siwgr. Roedd y brogaod gwenwynig yma'n magu'n gyflym gan ymosod ar lyffantod a mamaliaid eraill ... erbyn hyn mae rhai llyffantod yn brin iawn yn Awstralia.

Mae'r brogaod yma bellach yn bla mewn rhannau o Awstralia

Mae'r draenog wedi cael ei gyflwyno i Ynysoedd yr Hebrides, gan newid y bywyd gwyllt. Mae'r draenog yn bwyta wyau adar y môr

Mae'r hyacinth môr bellach yn mygu planhigion dŵr

Bywyd gwyllt ar ynys

Mae cyflwyno planhigyn neu anifail dieithr i ynys yn gallu bod yn broblem. Mae ynysoedd fel arfer â chynefinoedd arbennig iawn. Mae ynysoedd Seland Newydd yn gartref i'r kiwi, sy'n aderyn sydd ddim yn gallu hedfan. Ond daeth cathod, cŵn a llygod mawr ar longau o'r tir mawr i'r ynysoedd. A dyna oedd diwedd y kiwi. Collodd y kiwi hefyd ei guddfan naturiol wrth i ddefaid a gwartheg bori'r tyfiant oedd yn cuddio'r adar.

Y gorchfygwyr

Mae gwledydd Prydain hefyd yn dioddef! Mae'r wiwer lwyd bron wedi difa'r wiwer goch frodorol. Cyflwynwyd y wiwer lwyd yn ystod yr 1800au. Dydy ein bywyd gwyllt byth wedi bod yr un fath ers hynny. Anifail arall sydd wedi cael effaith ydy'r minc o America. Roedd y minc yn cael eu magu ar ffermydd cyn iddyn nhw ddianc i'r gwyllt a difa llygoden y dŵr sydd bellach yn brin iawn. Mae hyd yn oed planhigion yn gallu bod yn broblem! Cyflwynwyd y rhododendron o Asia yn ystod yr 1800au. Ond mae bellach wedi dianc i'r gwyllt gan oresgyn y bywyd gwyllt brodorol.

Cynefinoedd yn diflannu

Mae pobl yn newid cynefinoedd ar draws y byd. Oherwydd hyn mae bywyd gwyllt **mewn perygl**.

Gormod o bobl?
Mae poblogaeth y byd yn cynyddu. Felly, mae llai o dir gwyllt i gynnal planhigion ac anifeiliaid gwyllt. Dydy hi fawr syndod felly fod bywyd gwyllt mewn perygl.

Pob blwyddyn mae nifer o foch daear, llwynogod a thylluanod yn cael eu lladd ar ffyrdd Cymru

Cartref yn y goedwig

Un cynefin sy'n diflannu'n gyflym ydy'r goedwig. Mae'r goedwig yn gyfoethog mewn adnoddau coed ond maen nhw'n cael eu clirio ar gyfer ffermio. Mae coedwigoedd trofannol yn bwysig gan fod yno gymaint o amrywiaeth o fywyd gwyllt. Pob blwyddyn mae tua 130,000 km sgwâr o goedwigoedd yn cael eu torri ac mae mwncïod, parotiaid a gorilas prin mewn perygl. Mae'n bwysig rheoli'r torri coed neu bydd y coedwigoedd wedi diflannu erbyn 2100.

Tiroedd gwlyb

Mae tiroedd gwlyb hefyd yn diflannu. Mae llai o gorsydd gan eu bod yn cael eu sychu. Cafodd tiroedd gwlyb y Ffendir yn East Anglia eu sychu ... a chollwyd pryfyn prin sef y *Norfolk damesfly*. Mae adeiladu argaeau ar gyfer cynhyrchu trydan neu i storio dŵr hefyd yn gallu effeithio'r bywyd gwyllt. Yn ardal y Tri Cheunant ar Afon Yangtze yn China mae adeiladu argaeau wedi effeithio ar y bywyd gwyllt yno. Does neb yn hollol siŵr beth fydd yr effaith ar y bywyd gwyllt.

Mwnci prin iawn – y mwnci aur
(Golden lion tamarin)

Y Norfolk damselfly – gwelwyd yr olaf ohonyn nhw yn ystod yr 1950au wrth i dir gwlyb gael ei sychu

Rhyw ffermwr bychan ydwyf ...

Dros y blynyddoedd mae ffermio wedi ehangu a newid. Nawr, mae llai o dir ar gyfer bywyd gwyllt. Bellach, mae rhai anifeiliaid yn cael eu magu ar ffermydd sy'n fwy tebyg i ffatri na fferm. Bydd rhai anifeiliaid hefyd yn cael eu magu i brofi cynnyrch gwahanol.

Rhegen yr ŷd – mae'r aderyn hwn yn brin iawn erbyn hyn

Tiroedd glaswellt

Mae'r tiroedd glaswellt naturiol hefyd yn mynd yn llai wrth i ffermio ehangu. Tua 200 o flynyddoedd yn ôl roedd y Peithiau (*Prairies*) yn America yn fôr o laswellt. Yma roedd y byfflo yn byw. Ond daeth mewnfudwyr o Ewrop ac aredig y tir a saethu'r byfflos! Erbyn hyn mae'r byfflos sydd ar ôl yn byw mewn gwarchodfeydd. Yma yng Nghymru roedd tiroedd glaswellt naturiol yn gartref i bob math o adar fel rhegen yr ŷd (*corncrake*) a mathau eraill o fywyd gwyllt. Ychydig iawn sydd ar ôl erbyn hyn.

Ffens i gadw'r cangarŵ rhag crwydro

Mae moch yn aml iawn yn cael eu magu mewn lle bychan iawn

Mae'r iâr yn dodwy wy bob dydd ...

Mae magu stoc wedi newid. Erbyn hyn mae ffermio stoc yn fwy masnachol. Mae rhai moch a ieir yn cael eu magu dan amodau sy'n debyg i 'ffermio ffatri'. Pwrpas hyn ydy lleihau costau a chynhyrchu cig a wyau rhatach. Mae rhai pobl wedi penderfynu prynu cig a wyau sy'n cael eu cynhyrchu gan stoc sy'n cael eu magu yn fwy naturiol.

Dydy bywyd yr iâr ddim gwell!

Profi ar anifeiliaid

Mae labordai gwyddonol yn gallu bod yn fath arall o 'ffermio ffatri'. Weithiau mae llygod, cwningod, cŵn a mwncïod yn cael eu defnyddio i brofi gwahanol bethau. Mae meddygon yn dweud nad ydy hi'n bosibl profi moddion newydd heb eu profi ar anifeiliaid i ddechrau. Mae llawer yn credu bod hyn yn iawn a'i fod yn arbed bywydau. Mae pobl eraill yn credu nad ydy hi'n syniad da i brofi sebon neu golur ar anifeiliaid ... ac maen nhw'n dewis prynu nwyddau sydd ddim wedi'u profi ar anifeiliaid.

Beth ydych ch'n feddwl?

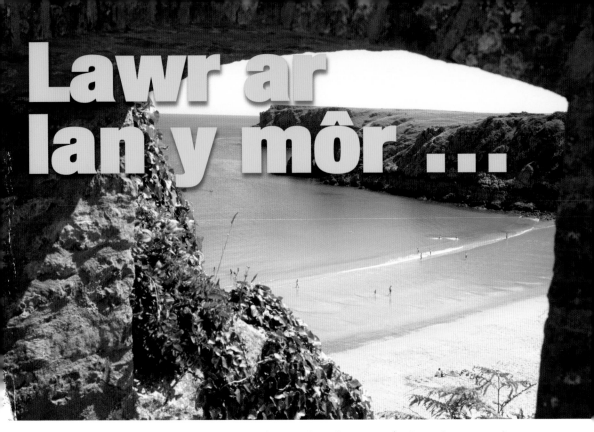

Lawr ar lan y môr ...

Mae pawb yn mwynhau mynd ar wyliau! Erbyn hyn mae'r diwydiant gwyliau yn ddiwydiant mawr. Heddiw, gallwch fynd ar wyliau i draethau a thiroedd gwyllt sy'n bell iawn o Gymru fach. Ond yn anffodus mae'r diwydiant gwyliau yn gallu effeithio ar fywyd gwyllt ar draws y byd.

Arfordiroedd gwyllt a riffiau cwrel

Mae pawb yn mwynhau mynd ar wyliau i lan y môr. Mae nifer o ganolfannau gwyliau wedi'u hadeiladu ar ddarnau gwyllt o arfordir – yn fflatiau gwyliau, carafanau a chanolfannau gwyliau. Yn ogystal mae marinas wedi'u hadeiladu ar gyfer y cychod moethus. Mae hyn i gyd wedi effeithio ar yr arfordir gwyllt naturiol. Mae rhai canolfannau hyd yn oed yn gollwng carthffosiaeth i'r dŵr glân gloyw!

Mae riffiau cwrel mewn peryg mawr gan fod y newid ewn tymheredd yn r cwrel.

Crwban y môr gwyrdd yn dod i'r traeth i ddodwy a chladdu ei wyau

Mynyddoedd a choedwigoedd

Mae canolfannau sgïo wedi dod yn fwy poblogaidd. Mae effaith sgïo i'w weld mewn ardaloedd fel Yr Alpau a Mynyddoedd y Rockies. Ond mae'r diwydiant sgïo hefyd wedi effeithio ar anifeiliaid swil fel y geifr mynydd, yr ibex a'r marmot. Hefyd mae'r diwydiant gwyliau wedi effeithio ar goedwigoedd ac iseldiroedd gwyllt ar draws y byd.

Mae sgiwyr yn gallu effeithio ar anifeiliaid gwyllt fel yr ibex

Lle i nythu

Mae adar y môr, crwbanod môr a geifr mynydd angen lle tawel i fagu. Mae canolfannau gwyliau mawr ac ymwelwyr swnllyd yn gallu effeithio ar eu cyfnod magu. Mewn parciau cenedlaethol a gwarchodfeydd natur maen nhw'n gofalu bod lle i'r adar nythu mewn heddwch!

Troedio'n ofalus

Beth sy'n bosib ei wneud i leihau effaith y diwydiant yma? Mae ecodwristiaeth yn un ffordd o wella'r sefyllfa. Os ydy pobl am weld y gorila yn ei gynefin naturiol yna mae'n rhaid iddyn nhw dalu. Mae'r bobl leol yn derbyn yr arian yma. Mae'r arian hefyd yn mynd i warchod cynefin y gorila. Fel hyn, mae pawb yn ennill.

Mae ecodwristiaid yn gallu gweld y gorila yn ei gynefin naturiol

Planed Plant?

Mae **llygredd** yn broblem fawr i fywyd gwyllt. Llygredd ydy gwastraff sy'n cael ei ryddhau i'r amgylchedd ... yn lle cael gwared ohono'n gyfrifol. Mae llygredd yn cael ei greu yn bennaf gan ffatrïoedd, pwerdai, dinasoedd ... a'r car!

O un i'r llall

Mae llygredd yn effeithio ar y gadwyn fwyd. Tua gwaelod y gadwyn fwyd mae llygredd yn cael ei amsugno gan anifeiliaid bach sy'n bwyta planhigion. Yna, mae'r cyfan yn symud i fyny'r gadwyn fwyd. Mae llygredd yn gallu effeithio'r amgylchedd i gyd. Er enghraifft, mae llygredd yn yr aer sy'n dod o geir, pwerdai a ffatrïoedd yn troi'r lleithder sy'n yr aer yn asidig. Mae'r lleithder yn ei dro yn disgyn i'r ddaear fel **glaw asid**. Yna mae'r glaw asid yn gwenwyno'r pysgod a'r llyffantod sy'n y dŵr. Mae'r rhain yn eu tro yn cael eu bwyta gan adar. Mae glaw asid yn lladd planhigion a choed hefyd.

Y gwalch

Sbwriel a gwastraff

Mae sbwriel sy'n cael ei daflu yn creu llygredd! Mae tuniau wedi rhydu neu boteli wedi malu yn gallu peryglu bywyd gwyllt. Mae bagiau plastig yn gallu tagu y dolffin yn y môr. Mae'r dolffin yn gallu cymysgu'n hawdd iawn rhwng bag plastig a sgwid yn y môr. Weithiau, bydd gwastraff yn cael ei daflu'n fwriadol. Mae cemegion peryglus hefyd yn cael eu rhyddhau i afonydd. Dro arall, mae damwain yn digwydd. Yn y flwyddyn 2000, cafodd gwenwyn cyanid ei ryddhau i'r Afon Tisza yn Hwngari gan ladd y pysgod yno.

Lladdwyd yr aderyn yma gan olew o'r 'Sea Empress' ar arfordir Sir Benfro yn 1996

Pethau'n gwella!

Ond dydy'r newyddion ddim yn ddrwg i gyd! Erbyn hyn mae gwledydd yn creu deddfau newydd i reoli llygredd. Mae ffatrïoedd hefyd yn gwneud yn siŵr nad ydy'r aer yn cael ei lygru. Mae sawl gwlad wedi arwyddo Cytundeb Ramsar sy'n amddiffyn tiroedd gwlyb ac mae cytundeb arall sy'n rheoli llygredd yn y môr.

Aderyn môr wedi ei ddal mewn lein bysgota

Lladdwyd nifer o geirw yn yr Wcráin yn 1986. Roedden nhw wedi bwyta glaswellt oedd wedi ei wenwyno gan ymbelydredd

Newid hinsawdd

Bygythiad arall i fywyd gwyllt ydy **cynhesu byd-eang**. Mae gwyddonwyr wedi darganfod bod llygredd ceir, pwerdai a ffatrïoedd yn codi'r tymheredd. Mae'r llygredd yma'n cadw mwy o wres yr Haul yn yr atmosffer. Felly, fel y mae tymheredd yr aer yn codi mae'r Ddaear yn cynhesu.

Teimlo'r gwres

Mae gwyddonwyr yn dweud bod pob cynefin erbyn hyn yn teimlo effaith cynhesu byd-eang. Maen nhw'n credu bod iâ yn toddi a bod lefel y môr yn codi. Os bydd lefel y môr yn codi yna bydd sawl arfordir mewn perygl. Mae hyn yn golygu bod bywyd gwyllt hefyd mewn perygl. Os ydy'r tymheredd yn codi mae riffiau cwrel mewn perygl. Mae'r cwrel ar ei orau os ydy'r dŵr o dymheredd arbennig. Gyda'r tymheredd yn codi bydd tiroedd gwlyb yn sychu – a dydy hynny ddim yn newyddion da i lyffantod!

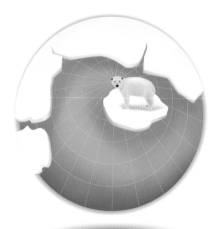

Mae'r cynhesu yma'n broblem!

...yn cael ei ddinistrio fel ...dd y dŵr yn cynhesu

Wrth i'r iâ doddi mae'r eirth gwyn yn ei chael yn anoddach i chwilio am fwyd

Llyffant y Twyni – mae newid hinsawdd yn gallu cael effaith mawr ar y llyffantod hyn

Ennill a cholli

Gydag unrhyw newid ... mae rhai yn ennill ... a rhai yn colli. Mae newid hinsawdd yn gallu effeithio patrymau **mudo** adar. Yn ôl rhai, mae gwenoliaid yn cyrraedd Cymru yn gynharach ... ac yn gadael yn hwyrach yn y flwyddyn. Mae rhai mathau newydd o adar i'w gweld ym Mhrydain fel y crëyr bach copog (*little egret*). Mae rhai yn dweud y bydd y mosgito yn cyrraedd Prydain cyn bo hir! Mae planhigion ac anifeiliaid sy'n hoffi tywydd cynnes yn mynd i fanteisio ar y tywydd cynhesach. Ond mae rhai eraill fel yr ysgyfarnog neu'r grugiar (*grouse*) yn debyg o ddioddef .

Newyddion da ... a newyddion drwg

Yn ôl rhai gwyddonwyr bydd tua un rhan o dair o blanhigion ac anifeiliaid y byd wedi diflannu erbyn 2100 ... a hynny oherwydd cynhesu byd-eang.
Y newyddion da ydy y gallwn ni i gyd wneud rhywbeth i osgoi hyn rhag digwydd! Beth allwn ni ei wneud?
Un peth ydy defnyddio llai ar y car, defnyddio llai o egni a defnyddio mathau newydd o egni fel egni gwynt ac egni'r Haul.

Crëyr bach copog – aderyn o de Ewrop. Bellach, mae'n gyffre draws de Prydain

Amddiffyn bywyd gwyllt

Gwylio'r morfil! Daeth hela'r morfil i ben yn 1985 a gwelwyd cynnydd yn eu nifer

Yn ystod y ganrif ddiwethaf mae pobl wedi symud i fyw i bob rhan o'r byd. Bellach, mae technoleg yn gadael i ni siapio'r amgylchedd ... ond rydyn ni'n dal i ddibynnu ar y byd naturiol. Mae'n rhaid i ni ddysgu i gymryd gwell gofal o natur ... a hynny er mwyn ni ein hunain a'r bywyd gwyllt.

Mae plannu coed yn helpu bywyd gwyllt

Coedlan naturiol yn llawn bywyd gwyllt

Stori o lwyddiant

Pwrpas **cadwraeth** ydy gwarchod bywyd gwyllt. Roedd y camau cyntaf i warchod natur wedi'u cymryd yn ystod yr 1800au. Yn ystod yr 1970au roedd mudiadau fel *Greenpeace* yn ymgyrchu'n erbyn hela'r morfil oedd mewn perygl o ddiflannu. Cafwyd cytundeb i rwystro hela'r morfil yn 1985. Yn ystod yr 1980au roedd mudiad *Lynx* yn ymgyrchu yn erbyn hela anifeiliaid gwyllt

Morlo ifanc

fel y blaidd. Llwyddodd ymgyrch *Lynx* i wneud gwisgo ffwr yn llai ffasiynol ... a chafodd yr anifeiliaid gwyllt eu rhyddid.

Parciau Cenedlaethol a gwarchodfeydd

Hebog tramor – yn cynyddu mewn nifer

Un ffordd o amddiffyn bywyd gwyllt ydy drwy amddiffyn cynefinoedd cyfan mewn parc cenedlaethol neu warchodfa natur. Cafodd y parciau cenedlaethol cyntaf eu sefydlu yn ystod yr 1870au. Erbyn heddiw mae dros 7,000 o barciau cenedlaethol ar draws y byd. O fewn y parc mae rheolau sy'n gwarchod y bywyd gwyllt. Mae rheolau hefyd o ran adeiladu yn y parc. Mae rhai planhigion ac anifeiliaid prin i'w gweld yno'n unig erbyn hyn.

Arbed y goedwig

Mae coedwigoedd sy'n gyfoethog mewn bywyd gwyllt angen gofal arbennig. Mae rhai mudiadau cadwraeth yn prynu darnau o goedwig yn yr Amazon er mwyn eu gwarchod. Yng Nghymru hefyd mae cynlluniau i ail blannu coed a gwrychoedd. Bydd hyn yn helpu bywyd gwyllt fel y llygod bach a'r tylluanod. Beth mae gwahanol fudiadau yn ei wneud yn eich ardal chi i warchod bywyd gwyllt? Beth am drefnu taith gerdded neu daith beicio noddedig i godi arian at anifeiliaid mewn perygl ... fel y gorila neu'r rhinoseros?

Yn ôl o ymyl y dibyn!

Tuatara yn ei gartref yn Seland Newydd – mae dan fygythiad

Rydym ni angen bywyd gwyllt! Rydym ni'n dibynnu ar blanhigion ac anifeiliaid am fwyd, dillad a meddyginiaethau ... ac ocsigen wrth gwrs! Ar draws y byd, mae pobl yn ceisio arbed bywyd gwyllt sydd mewn perygl. Mae'n bwysig i ni fynd ati i warchod ein bywyd gwyllt.

Mewn perygl mawr

Mae planhigyn neu anifail mewn perygl os oes ond ychydig filoedd ohonyn nhw ar ôl. Mae magu dan reolaeth yn gallu helpu. Erbyn 1970 roedd yr orycs yn Arabia bron â marw allan yn ei gynefin yn y diffeithdir. Casglwyd y rhai oedd ar ôl a cheisio eu magu mewn sw. Yn 1980 cafodd rhai ohonyn nhw eu rhyddhau yn ôl i'r gwyllt. Er mwyn i hyn lwyddo mae'n rhaid bod cynefin addas i'r n nhw gael eu rhyddhau iddo. Mae'n bwysig felly i warchod eu cynefin neu dim ond mewn sw y byddwn yn gallu eu gweld.

Takahe mewn gwarchodfa natur.
Dydy'r aderyn yma ond i'w weld ar ynys fechan yn ymyl Seland Newydd

Camau eithafol

Weithiau, bydd angen cymryd camau eithafol i amddiffyn planhigion neu anifeiliaid sydd mewn perygl. Bydd rhai yn cael eu symud i ynysoedd unig lle nad oes neb yn eu hela. Mae rhai adar prin sydd ddim yn gallu hedfan wedi cael eu symud i ynysoedd unig yn ymyl Seland Newydd. Yr unig ffordd i amddiffyn y rhinoseros rhag y potswyr ydy codi ffensys trydan o'u cwmpas ... a milwyr arfog yn gwarchod y ffens!

Pili pala'r dylluan

Dowch â nhw'n ôl!

Mae rhai planhigion ac anifeiliaid wedi diflannu mewn un ardal ... ond maen nhw i'w gweld mewn ardal arall. Weithiau byddan nhw'n cael eu symud o un ardal i ardal arall er mwyn eu hailgyflwyno i'r ardal. Enghraifft o hyn ydy'r pili pala glas mawr sydd wedi cael ei ailgyflwyno i Brydain o Sweden. Yn 1993 cafodd y blaidd ei ailgyflwyno i Barc Cenedlaethol Yellowstone yn yr Unol Daleithiau wedi iddyn nhw ddiflannu yn ystod yr 1920au. Fyddai hi'n syniad da i ailgyflwyno bleiddiaid yng Nghymru?

Blodau gwyllt naturiol

Helpu bywyd gwyllt yn yr ardd gefn!

Geirfa

addasu – wedi newid i gyd-fynd â'r amgylchedd

amgylchedd – y byd ble mae pobl a bywyd gwyllt yn byw

anifail neu blanhigyn mewn perygl – anifail neu blanhigyn sydd mewn perygl o ddiflannu neu farw allan

bioamrywiaeth – y gwahanol fathau o fywyd gwyllt sydd mewn cynefin

cadwraeth – y gwaith sy'n cael ei wneud i amddiffyn y byd naturiol

cigysydd – anifail sy'n bwyta cig

colli cynefin – lle mae cynefin gwyllt yn cael ei golli neu ei newid gan bobl

cwota – rheoli faint o bysgod sy'n bosib eu dal gan y pysgotwyr

cymuned – y cyfan o'r pethau byw sy'n byw mewn cynefin

cynaliadwy – adnoddau yn cael eu defnyddio'n ofalus i leihau'r niwed sy'n cael ei wneud i'r Ddaear

cynefin – lle mae planhigyn neu anifail arbennig yn byw, fel pwll dŵr neu goedwig

cynhesu byd-eang – tymheredd yn codi ar draws y byd oherwydd cynnydd mewn nwyon sy'n dal gwres yr Haul

esblygiad – rhywogaethau yn newid i addasu i'w hamgylchedd newydd

ffotosynthesis – proses y mae planhigion yn ei defnyddio i droi pelydrau'r Haul yn egni

glaw asid – glaw sydd wedi'i droi'n asidig gan lygredd o ffatrïoedd, pwerdai a cheir

llygredd – unrhyw sylweddau sy'n niweidio'r amgylchedd

llysysydd – anifail sy'n bwyta planhigion

maetholion – cemegion sydd eu hangen i wneud pethau byw i dyfu

mudo – anifeiliaid ac adar yn symud o un ardal i chwilio am fwyd neu i osgoi tywydd garw er mwyn magu rhai bach

potsiwr neu **herwheliwr** – pobl sy'n hela bywyd gwyllt yn anghyfreithlon

pryfleiddiaid – gwenwyn sy'n cael ei ddefnyddio i ladd pryfed

rhywogaeth – math arbennig o blanhigyn neu anifail fel fioled Affrica neu'r rhinoseros du